目 录
CONTENTS

模块 1　城市轨道交通概述 ·· 1
　　实训任务 1.1　城市轨道交通的内涵及分类 ································· 1
　　实训任务 1.2　城市轨道交通系统的组成 ···································· 3
模块 2　城市轨道交通线网规划 ··· 5
　　实训任务 2.1　城市轨道交通线网规划内容及方法 ······················· 5
　　实训任务 2.2　城市轨道交通线网合理规模的确定 ······················· 7
　　实训任务 2.3　城市轨道交通线网结构分析及方案评价 ················· 9
　　实训任务 2.4　城市轨道交通线网规划综合应用案例 ··················· 11
模块 3　城市轨道交通线路规划 ·· 13
　　实训任务 3.1　城市轨道交通线路规划概述及线路选线 ················ 13
　　实训任务 3.2　城市轨道交通线路设计 ······································ 15
模块 4　轨道结构 ·· 18
　　实训任务 4.1　钢轨知识巩固与拓展 ··· 18
　　实训任务 4.2　轨枕、扣件及道床知识巩固与拓展 ······················ 20
　　实训任务 4.3　道岔组成知识巩固与拓展 ··································· 22
　　实训任务 4.4　普通单开道岔位置判定 ······································ 24
　　实训任务 4.5　轨道结构附属设备知识巩固与拓展 ······················ 26
模块 5　配线 ·· 28
　　实训任务 5.1　折返线知识巩固与拓展 ······································ 28
　　实训任务 5.2　停车线知识巩固与拓展 ······································ 31
　　实训任务 5.3　渡线、存车线知识巩固与拓展 ···························· 34
　　实训任务 5.4　车辆段出入线知识巩固与拓展 ···························· 36
　　实训任务 5.5　安全线、联络线知识巩固与拓展 ························· 38
　　实训任务 5.6　配线与区间堵塞时的行车组织 ···························· 40

模块6　城市轨道交通车站 ·· 42
　　实训任务　城市轨道交通车站布局设计任务书 ················· 42

模块7　换乘站 ··· 46
　　实训任务7.1　换乘方式分析 ·································· 46
　　实训任务7.2　换乘方案选择 ·································· 48

模块8　城市轨道交通枢纽 ·· 50
　　实训任务8.1　城市轨道交通枢纽概述 ······················· 50
　　实训任务8.2　城市轨道交通枢纽交通方式衔接 ············ 52

模块9　城市轨道交通车辆基地 ·································· 54
　　实训任务9.1　车辆基地组成及功能知识巩固与拓展 ········ 54
　　实训任务9.2　车辆运用整备工艺及设施、车辆
　　　　　　　　检修工艺及设施 ································· 56

模块 1　城市轨道交通概述

实训任务 1.1　城市轨道交通的内涵及分类

班级		学号		姓名	
课前任务	预习任务 学习城市轨道交通系统的内涵及分类。				
	记录预习过程中存在的问题: 1.该单元中,你有哪些不理解的知识点?解决的途径是什么?				
	2.仍未解决的问题有哪些?				
课中任务	1.城市轨道交通系统的内涵是什么?				
	2.城市轨道交通的建设能给城市带来哪些好处?				
	3.城市轨道交通系统的基本特性是什么?这些特性体现在哪些方面?				

课中任务	4.按照城市轨道交通各子系统的技术特征,城市轨道交通可分为哪几种类型?标注出每种类型的客运能力、编组数量、列车长度、标准轨距等,用思维导图的形式呈现。	
	5.按照城市轨道交通系统是否专用和列车运行控制方式的不同,城市轨道交通可分为哪几种类型?说明每种类型的特点。	
	6.按照客运能力的大小,城市轨道交通可以分为哪几种类型?不同类型的客运能力分别是多少?典型的城市轨道交通制式代表有哪些?	
	7.按照构筑物的形态或者轨道相对于地面的位置,城市轨道交通可分为哪几种类型?根据在城市中见到的城市轨道交通类型进行举例说明。	
课后任务	1.通过资料收集整理,归纳总结磁浮系统的工作原理,及其发展与应用情况。	
	2.在进行专业术语定义时,应参照标准规范,这是为什么?	
总体评价	课前任务完成情况(占比15%)	
	习题测试(占比10%)	
	课中任务完成情况(占比60%)	
	课后任务完成情况(占比15%)	
	总成绩	

实训任务1.2　城市轨道交通系统的组成

班级		学号		姓名	
课前任务	预习任务 学习城市轨道交通系统组成。				
	记录预习过程中存在的问题： 1.该单元中，你有哪些不理解的知识点？解决的途径是什么？				
	2.仍未解决的问题有哪些？				
课中任务	1.联系实际，说一说城市轨道交通系统的组成部分。				
	2.城市轨道交通车辆类型有哪些？分门别类进行阐述，并说一说轴重与车辆载客数量的关系。				
	3.城市轨道交通车辆的组成部分有哪些？阐述各组成部分的作用。				
	4.城市轨道交通牵引网分为哪两大类型？各自的特点是什么？				

课中任务	5.联系实际,说明城市轨道交通信号系统大都采用什么系统?阐述三个子系统的功能,及其之间的关系。	
	6.环境与设备监控系统(BAS)在城市轨道交通系统正常运营期间和发生火灾等突发事件时,分别发挥怎样的作用?	
	7.归纳总结城市轨道交通系统各组成部分的功能。	
课后任务	1.收集资料,归纳总结中国城市轨道交通发展的历程,并分组汇报。	
	2.收集整理关于城市轨道交通系统的视频或者城市轨道交通运营虚拟电子沙盘介绍。理论联系实际,阐述城市轨道交通各子系统在城市轨道交通系统运营中所起的作用。	
总体评价	课前任务完成情况(占比15%)	
	习题测试(占比10%)	
	课中任务完成情况(占比60%)	
	课后任务完成情况(占比15%)	
	总成绩	

模块2 城市轨道交通线网规划

实训任务2.1 城市轨道交通线网规划内容及方法

班级		学号		姓名	
课前任务	预习任务 学习城市轨道交通线网规划概述、规划内容及方法。				
	记录预习过程中存在的问题: 1.该单元中,你有哪些不理解的知识点?解决的途径是什么?				
	2.仍未解决的问题有哪些?				
课中任务	1.什么是城市轨道交通线网?				
	2.城市轨道交通线网规划可分为哪几个阶段?				
	3.一个成功的城市轨道交通线网规划要体现城市特色,在规划时应遵循的基本原则有哪些?				

课中任务	4.在进行城市轨道交通线网规划时,应包括哪些内容?每个框架下包括哪些具体内容?	
	5.城市轨道交通线网规划的具体步骤是什么?	
	6.城市轨道交通一般采用两种发展模式:_____和_____。	
	7.线网构架规划可以分为哪三个层次?点层次主要包括哪些内容?	
	8.线网规划方法主要有哪些?	
课后任务	以某城市为例,收集整理其城市轨道交通线网规划所使用的方法。分析规划前后运营效果如何。	
总体评价	课前任务完成情况(占比15%)	
	习题测试(占比10%)	
	课中任务完成情况(占比60%)	
	课后任务完成情况(占比15%)	
	总成绩	

实训任务2.2 城市轨道交通线网合理规模的确定

班级		学号		姓名	
课前任务	预习任务 学习线网合理规模。 记录预习过程中存在的问题： 1.该单元中,你有哪些不理解的知识点？解决的途径是什么？ 2.仍未解决的问题有哪些？				
课中任务	1.线网合理规模涉及的指标有哪些？这些指标如何计算？ 2.城市轨道交通线网规模的影响因素有哪些？ 3.某市中心区面积为68.1km²,全市远景的总面积为555km²。计算线网长度及全市线网平均密度(市中心线网密度取1.2km/km²,城市外围区线网密度取0.25km/km²)。 4.已知某城市远景常住人口规模为390万,出行强度为2.6人次/日,流动人口为80万,出行强度为3.2人次/日,公交出行比例为51%,城市轨道交通占公交比例为46%,线路负荷强度为2万人次/(km·日),城市面积为311km²。请用出行需求分析法确定线网的合理规模。				

课中任务	5.已知某城市远景人口600万,出行强度1.61人次/日,若未来公交出行比例为52%,轨道交通方式占公共交通出行比例为45%,线网负荷强度为3.67万人次/(km·日)。试按交通需求法推算城市轨道交通线网规模。 6.城市轨道交通线网规划方法有哪些?
课后任务	1.查询世界各大城市的轨道交通线网规模,并进行对比分析目前我国各城市轨道交通规模所处的水平。 2.除了用交通需求法确定线网合理规模之外,还有哪些方法?通过查询案例,总结使用该方法确定线网合理规模的步骤。

总体评价		
	课前任务完成情况(占比15%)	
	习题测试(占比10%)	
	课中任务完成情况(占比60%)	
	课后任务完成情况(占比15%)	
	总成绩	

实训任务2.3 城市轨道交通线网结构分析及方案评价

班级		学号		姓名	

课前任务	预习任务 学习线网结构分析、线网方案评价。
	记录预习过程中存在的问题： 1.该单元中，你有哪些不理解的知识点？解决的途径是什么？
	2.仍未解决的问题有哪些？

课中任务	1.三种典型的城市轨道交通线网结构分别是什么？并阐述各自的优缺点。
	2.如何衡量线网方案的优与劣？常用的评价方法有哪些？
	3.在实践中，广泛采用的线网规划方案评价方法是哪种？采用该方法进行线网方案评价的过程是什么？

课后任务	1. 查询某城市轨道交通线网,分析其属于哪种经典的路网形态,并根据城市特点,例如城市形态、居民出行特征等,分析该类型路网形态的适用性。
	2. 查阅与"基于层次分析法的轨道交通规划评价"相关的论文。选取某城市轨道交通线网规划方案评价的案例,简述其评价过程。

总体评价		
	课前任务完成情况(占比15%)	
	习题测试(占比10%)	
	课中任务完成情况(占比60%)	
	课后任务完成情况(占比15%)	
	总成绩	

实训任务2.4　城市轨道交通线网规划综合应用案例

班级		学号		姓名	
案例情况	\multicolumn{5}{l}{**长春市轨道交通线网规划**}

长春市轨道交通线网规划

第一阶段,建设期为2003—2014年:已有有轨电车54路、55路,完成轨道交通3号线一期、二期和4号线一期工程,线路总长60.28km。至2014年,市区人口数量为365.8万,市区建成区面积为344.72km²。

第二阶段,建设期为2014—2018年:修建南北线(轨道交通1号线一期)、东西线(轨道交通2号线一期)两条地铁线路和轨道交通8号线(北湖快轨),延长轨道交通3号线至伪皇宫站,改造54路和55路两条有轨电车,建设里程74km。至2018年,长春市城市轨道交通运营里程超过134km。至2018年年末,市区人口数量为441.5万,市区建成区面积为519.04km²。

第三阶段,建设期为2017—2023年:建设轨道交通5号线一期、6号线、7号线一期,空港线一期、双阳线一期、2号线东延工程、4号线南延工程、3号线南延工程,共计8条城市轨道交通线路,线路总长135.4km,其中地下线99.8km、地上线35.6km;共设车站88座,其中地下车站74座、地上车站14座;建设车辆段和停车场7处。至2021年年末,市区人口数量为583.76万。

第四阶段,建设期为2023年至远景年(最快2030年左右):轨道交通5号线二期、7号线二期以及其他线路的二期、三期工程,修建有轨电车,根据线网规划,建设城市轨道交通里程将达到642.93km。

长春市轨道交通线网规划图(至2030年)

子任务	子任务1:分析长春市轨道交通线网规划各阶段的线网规模。

11

子任务	子任务2:假定长春市规划区面积为600km²,市区人口年平均增长率为0.34%,出行强度1.61次/(人·日),若未来公共交通出行比例为52%,轨道交通方式占公共交通出行比例为30%,线网负荷强度为2.7万人次/(公里·日)。试按交通需求法推算2030年长春市轨道交通线网规模。 子任务3:长春市轨道交通线网属于哪种典型的线网形态?根据长春市城市特点及居民出行特征,分析该线网形态的优缺点及适用性。

总体评价		
	子任务1完成情况(占比40%)	
	子任务2完成情况(占比20%)	
	子任务3完成情况(占比40%)	
	总成绩	

模块 3　城市轨道交通线路规划

实训任务 3.1　城市轨道交通线路规划概述及线路选线

班级		学号		姓名	
课前任务	预习任务 学习城市轨道交通线路规划概述及城市轨道交通线路选线。 记录预习过程中存在的问题： 1.该单元中，你有哪些不理解的知识点？解决的途径是什么？ 2.仍未解决的问题有哪些？				
课中任务	1.城市轨道交通线路按照运营功能可以分成哪几类？各类型的功能分别是什么？ 2.城市轨道交通线路规划工作按照什么步骤开展？请说出每个步骤的具体工作。 3.确定城市轨道交通线路走向和路由时，一般需要分析哪些影响因素？如何根据这些因素确定线路路由？				

课中任务	4.在实际工作中,确定城市轨道交通线路路由时,一般会提出2~3个方案进行比选,应该从哪些方面对候选方案进行比选? 5.城市轨道交通线路敷设方式分为_____、_____、_____三种。_____一般应用在城市中心繁华地区;_____是造价最低的一种敷设方式。_____保持了专用道的形式,占地较少,对城市交通干扰也较小。 6.城市轨道交通车站分布一般需要遵循哪些原则?
课后任务	搜索某城市轨道交通线路路由方案比选的案例。

总体评价		
	课前任务完成情况(占比15%)	
	习题测试(占比10%)	
	课中任务完成情况(占比60%)	
	课后任务完成情况(占比15%)	
	总成绩	

实训任务3.2　城市轨道交通线路设计

班级		学号		姓名	
课前任务	预习任务 学习城市轨道交通线路平面设计及纵断面设计。 记录预习过程中存在的问题： 1.该单元中,你有哪些不理解的知识点？解决的途径是什么？ 2.仍未解决的问题有哪些？				
课中任务	1.城市轨道交通设计经常涉及"设计年限",设计年限分为初期、近期和远期。初期是指线路建成通车后的第_____年；近期是指线路建成通车后第_____年；远期是指线路建成通车后第_____年。 2.城市轨道交通线路设计一般分为以下四个阶段： （1）_____：主要是通过线路方案比选,完善线路走向、路由、敷设方式,基本确定车站、辅助线等分布,提出设计指导思想、主要技术标准、线路纵面及车站的大致位置等。 （2）_____：指总体性的方案设计,以优化总体方案为目的。根据可行性研究报告及审批意见,通过方案比选,初步确定线路平面、车站的大体位置、辅助线的基本形式、不同敷设方式的过渡段位置,提出线路纵断面的初步高程位置等。 （3）_____：是指专业性的方案设计,以落实具体专业方案为目的,根据总体设计文件及审查意见,确定线路设计原则、技术标准等,基本确定线路平面位置、车站位置及进行纵断面设计。 （4）_____：是指详细设计,提供施工图,作为工程实施的依据。它是根据初步设计文件、审查意见以及有关专业对线路平面及纵断面提出的要求,对部分车站位置及个别曲线半径等进行微调,对线路平面及纵断面进行精确计算和详细设计,提供施工图纸说明文件。 3.城市轨道交通线路设计是在线路规划方案的基础上确定线路在城市空间中的详细位置,主要包括_____、_____。线路平面是线路中心线在_____的投影,线路纵断面是沿线路中心线展直后的路肩高程在_____的投影线。 4.城市轨道交通线路设计需要遵循一定的原则,这些原则主要有哪些？				

5. 线路平面由_____和_____组成,曲线包括_____和_____。

6. 线路平面设计的主要技术要素有:_____、_____、_____和_____。在下图中标注出这些要素。

ZH(HY)至HY(HZ)是:

R 是:

HY至YH是:

l_0 是:

L 是:

7. 线路平面圆曲线半径应根据车辆类型、地形条件、运行速度、环境要求等因素综合比选确定,线路最小曲线半径(m)规定如下:

线路类型	A 型车		B 型车	
	一般地段	困难地段	一般地段	困难地段
正线				
联络线、出入线				
车场线				

8. 《地铁设计规范》(GB 50157—2013)规定:在正线、联络线及车辆基地出入线上,A 型车不宜小于_____,B 型车不宜小于_____,在困难情况下不得小于一节车辆的全轴距;车场线不应小于_____。

9. 《地铁设计规范》(GB 50157—2013)规定:线路平面圆曲线与直线之间应设置_____;缓和曲线长度应根据_____、_____以及曲线超高设置等因素,按照规范合理选用。

10. 城市轨道交通的线路纵断面是由_____和_____组成。

11. 坡段特征用_____和_____来表示。
_____为该坡段前后两个变坡点之间的水平距离。
_____为该坡段两端变坡点之间的高程除以坡段长度,其值以千分数表示。

课后任务	搜索某城市轨道交通线路设计案例,阐述其在设计过程中遇到的技术难点和困难是什么,是如何解决的?	
总体评价	课前任务完成情况(占比15%)	
	习题测试(占比10%)	
	课中任务完成情况(占比60%)	
	课后任务完成情况(占比15%)	
	总成绩	

模块 4 轨 道 结 构

实训任务 4.1 钢轨知识巩固与拓展

班级		学号		姓名	
课前任务	预习任务 学习轨道结构组成部分。				
	记录预习过程中存在的问题： 1. 尝试解决问题用了什么方法？				
	2. 仍未解决的问题有哪些？				
课中任务	1. 轨道结构的组成部分有哪些？				
	2. 阐述钢轨的作用及标准轨距。				
	3. 列车为何不会轻易脱轨？（钢轨与车辆轮缘的关系）				

课中任务	4.绘制钢轨"工"字形断面图(标注各部分名称)	
	5.绘制车轮与钢轨接触示意图。	
	6.钢轨的类型有哪些?	
课后任务	查询无缝线路的由来及作用。以小组汇报的形式,阐述无缝线路发展过程中体现的轨道人精神。	
总体评价	课前任务完成情况(占比15%)	
	习题测试(占比10%)	
	课中任务完成情况(占比60%)	
	课后任务完成情况(占比15%)	
	总成绩	

实训任务4.2　轨枕、扣件及道床知识巩固与拓展

班级		学号		姓名	
课前任务	预习任务 学习轨枕、扣件及道床。				
	记录预习过程中存在的问题： 1. 尝试解决问题用了什么方法？				
	2. 仍未解决的问题有哪些？				
课中任务	1. 阐述轨枕的作用、常见类型及其特点。				
	2. 绘制木枕、混凝土枕示意图，并标注其组成部分的名称（注意两者的区别）。				
	3. 阐述扣件的作用及类型。				

课中任务	4.绘制各类型扣件(木枕扣件、扣板式扣件、ω扣件)示意图,并标注组成部分名称。		
	5.阐述道床的作用及类型。		
课后任务	查询资料,收集一些关于扣件的发明专利。		
总体评价	课前任务完成情况(占比20%)		
	课堂任务完成情况(占比60%)		
	课后提交学习任务(占比20%)		
	总成绩		

实训任务4.3　道岔组成知识巩固与拓展

班级		学号		姓名	
课前任务	预习任务 学习道岔类型、普通单开道岔的组成。				
	记录预习过程中存在的问题： 1.尝试解决问题用了什么方法？				
	2.仍未解决的问题有哪些？				
课中任务	1.掌握列车如何转换方向。 (1)阐述道岔的作用。 (2)简单绘制各类道岔的示意图，注意其区别。				
	2.普通单开道岔的组成。 (1)简述转辙器部分组成及作用。 (2)尖轨及基本轨如何实现分离和密贴(转辙机械操作)？				

课中任务	3.辙叉会给列车运行带来什么影响？如何缓解？ (1)阐述辙叉的组成。 (2)如何缓解有害空间？	
	4.普通单开道岔的类型。	
	5.绘制普通单开道岔示意图，并标注出组成部分名称。	
课后任务	查询资料，分析说明如何避免道岔有害空间。其原理是什么？	
总体评价	课前任务完成情况（占比20%）	
	课中任务完成情况（占比60%）	
	课后提交学习任务（占比20%）	
	总成绩	

实训任务4.4 普通单开道岔位置判定

班级		学号		姓名	
课前任务	预习任务 学习普通单开道岔工作原理。					
	记录预习过程中存在的问题： 1.尝试解决问题用了什么方法？				
	2.仍未解决的问题有哪些？				
课中任务	1.工作情境：道岔失去表示时，无法自动排列进路，车站值班员根据调度员命令如何确定道岔位置是否正确？ （1）简述定位、反位的含义。 （2）绘制道岔工作原理图，并说明道岔位置与列车行进方向的关系。				

课中任务	2.分组进行工作情境演练及考核。 　　工作情境:行车调度员发现A站下行2号道岔反位无表示,行车调度要求车站站控后进行确认,令下行0119号车停车待命。车站报2号道岔单操定位无表示。A站报2号道岔定反位均无表示,行车调度员立即安排手摇2号道岔至定位加钩锁器,使用手信号进行折返。 　　口呼过程:行车值班员对讲机口呼,"请检查2号道岔位置"。道岔操作人员:检查2号道岔位置,手拿对讲机口呼"2号道岔处于定位/反位"。 　　重点考核内容:如何根据道岔位置判定列车行进方向?如何根据进路要求确定单开道岔开通位置?(综合小组互评与教师评价取平均分)
课后任务	其他类型的道岔是如何改变列车行进方向的?
总体评价	课前任务完成情况(占比10%)	
	课中任务完成情况(占比70%)(小组操作存在的问题及建议、突出的优势)	
	课后提交学习任务(占比20%)	
	本组最佳组员	

实训任务4.5　轨道结构附属设备知识巩固与拓展

班级		学号		姓名	
课前任务	预习任务 学习轨道结构附属设备。				
	记录预习过程中存在的问题： 1.尝试解决问题用了什么方法？ 2.仍未解决的问题有哪些？ 				
课中任务	1.工作情境一：如何保证列车在静止状态下不溜车。 (1)阐述车挡的作用。 (2)了解车挡常见类型，标注出下图中车挡类型。 2.工作情境二：面对高速及高频率运行的列车，轨道结构如何保持横向和纵向位置不改变。 (1)阐述轨道加强设备的作用。				

课中任务	(2)绘制轨道结构上的防爬撑和防爬器示意图。 3.工作情境三:如何保证列车在特殊线型情况下不脱轨。 (1)阐述轨道防脱设备组成及作用。 (2)阐述轨道防脱设备设置的条件。		
课后任务	1.复习学习过的轨道结构组成,标注出图中各组成部分的名称。 2.查询资料,阐述轨道加强设备中轨距拉杆的作用及类型?		
总体评价	课前任务完成情况(占比20%)		
	课中任务完成情况(占比60%)		
	课后提交学习任务(占比20%)		
	总成绩		

27

模块 5　配　　线

实训任务 5.1　折返线知识巩固与拓展

班级		学号		姓名	
课前任务	预习任务 学习折返线。				
	记录预习过程中存在的问题： 1.该单元中，你有哪些不理解的知识点？解决的途径是什么？				
	2.仍未解决的问题有哪些？				
课中任务	1.配线有哪些类型？				
	2.列车运行至终点转换到另一方向运行采用何种配线完成？该配线的功能是什么？				
	3.按照列车折返作业过程与站台的相对位置，分为_____和_____。按折返线与站台的位置关系，折返线布置形式主要可分为_____和_____。按折返线衔接方式，折返线布置形式主要可分_____和_____。				
	4.站后折返具有哪些优缺点？				

课中任务	5.站前折返具有哪些优缺点？ 6.画出常用的折返线布置示意图，并标注出折返线。 (1)双折返线尽头式布置形式(站后折返)。 (2)双折返线贯通式布置形式(站后折返)。 (3)双渡线折返线尽头式布置形式(站后折返)。 (4)双渡线折返线尽头式布置形式(站前折返)。 (5)单折返尽头式布置形式(站前折返)。 (6)单折返尽头式布置形式(站后折返)。

课中任务	(7)单侧线折返线布置形式。 (8)综合折返线贯通式布置形式1、2、3。	
课后任务	搜索某城市轨道交通线路配线方案设置案例(或者参考教材中的案例),分析其折返线设置原则及布置形式,画出折返线示意图。	
总体评价	课前任务完成情况(占比15%)	
	习题测试(占比10%)	
	课中任务完成情况(占比60%)	
	课后任务完成情况(占比15%)	
	总成绩	

实训任务 5.2　停车线知识巩固与拓展

班级		学号		姓名	
课前任务	预习任务 学习停车线。				
	记录预习过程中存在的问题： 1.该单元中,你有哪些不理解的知识点？解决的途径是什么？				
	2.仍未解决的问题有哪些？				
课中任务	1.正线上的列车突然发生故障,可以采用哪种配线暂时停放故障列车？简述该配线的功能。				
	2.一般而言,停车线布置形式可分为_____和_____两种。为提高停车线使用的灵活性,又可分为_____和_____。_____停车线的末端可与一侧或两侧正线连通,形成3方向或4方向与正线连通。_____停车线末端应设车挡；_____停车线末端连接正线时宜设安全线,在困难条件下可设置列车防溜设备。				
	3.纵列式停车线具有哪些优缺点？				
	4.横列式停车线具有哪些优缺点？				

课中任务	5.画出纵列式停车线布置示意图,并标注出停车线。 (1)纵列式停车线(尽头式)。 (2)纵列式停车线(贯通式)。
	6.画出横列式停车线布置示意图,并标注出停车线。 (1)横列式停车线(尽头式)。 (2)横列式停车线(贯通式)。

课后 任务	搜索某城市轨道交通线路配线方案设置案例(或者参考教材中的案例),分析其停车线设置原则及布置形式,画出停车线示意图。	
总体 评价	课前任务完成情况(占比15%)	
	习题测试(占比10%)	
	课中任务完成情况(占比60%)	
	课后任务完成情况(占比15%)	
	总成绩	

实训任务 5.3　渡线、存车线知识巩固与拓展

班级		学号		姓名	
课前任务	预习任务 学习渡线、存车线。				
	记录预习过程中存在的问题： 1.该单元中,你有哪些不理解的知识点？解决的途径是什么？				
	2.仍未解决的问题有哪些？				
课中任务	1.渡线单独设置和与其他配线合用时,分别能实现什么功能？				
	2.渡线常见形式一般有三种,包括_____、_____和_____。				
	3.画出单渡线、八字形渡线和交叉渡线布置示意图,并标注出渡线。				

课中任务	4.设置存车线可以解决城市轨道交通运营中的哪些问题?	
	5.存车线与停车线有何区别?布置时应注意哪些问题?	
课后任务	搜索某城市轨道交通线路配线方案设置案例(或者参考教材中的案例),分析其渡线、存车线设置原则及布置形式,画出渡线、存车线示意图。	
总体评价	课前任务完成情况(占比15%)	
	习题测试(占比10%)	
	课中任务完成情况(占比60%)	
	课后任务完成情况(占比15%)	
	总成绩	

实训任务 5.4　车辆段出入线知识巩固与拓展

班级		学号		姓名	
课前任务	预习任务 学习车辆段出入线。				
	记录预习过程中存在的问题： 1.该单元中，你有哪些不理解的知识点？解决的途径是什么？				
	2.仍未解决的问题有哪些？				
课中任务	1.车辆段出入线能实现什么功能？				
	2.车辆段出入线与正线的接轨方式，按接轨点的不同可分为_____和_____，按与正线的交叉方式可分为_____和_____。				
	3.画出终端接轨的车辆段出入线的布置示意图，并标注入段线和出段线。				

课中任务	4.画出终端接轨的车辆段出入线的布置示意图,标注入段线和出段线,并简述各种类型的特点。		
课后任务	搜索某城市轨道交通线路配线方案设置案例(或者参考教材中的案例),分析其车辆段出入线的设置原则及布置形式,画出车辆段出入线示意图。		
总体评价	课前任务完成情况(占比15%)		
	习题测试(占比10%)		
	课中任务完成情况(占比60%)		
	课后任务完成情况(占比15%)		
	总成绩		

实训任务5.5　安全线、联络线知识巩固与拓展

班级		学号		姓名	
课前任务	预习任务 学习安全线、联络线。 记录预习过程中存在的问题： 1.该单元中,你有哪些不理解的知识点？解决的途径是什么？ 2.仍未解决的问题有哪些？				
课中任务	1.在什么情况下设置安全线？ 2.画出安全线的示意图,并标注出安全线。 3.安全线布置时要遵循：①城市轨道交通线路的安全线长度一般不应小于_____,而城市间铁路的安全线长度一般不应小于_____,它是根据一台救援吊车吊起脱轨车辆作业所需的长度,并使该作业不影响其他线路列车运行的原则确定的。②安全线设置为曲线时,其曲线地段与相邻线的间距根据安全线的_____、_____等条件确定,其值应能保证列车、车辆侧翻时不影响相邻线的行车安全。③为提高进入安全线车辆的安全性,安全线的纵坡一般设计为平坡或面向车挡的不大于_____的下坡。 4.设置联络线的目的是什么？解决什么问题？				

课中任务	5. 联络线布置形式有_____、_____、_____。 分别绘制三种形式的联络线布置示意图,并标注出联络线。
课后任务	搜索某城市轨道交通线路配线方案设置案例(或者参考教材中的案例),分析其渡线、存车线设置原则及布置形式,画出安全线、联络线示意图。
总体评价	课前任务完成情况(占比15%)	
	习题测试(占比10%)	
	课中任务完成情况(占比60%)	
	课后任务完成情况(占比15%)	
	总成绩	

实训任务 5.6　配线与区间堵塞时的行车组织

班级		学号		姓名	
课前任务	预习任务 学习配线与区间堵塞时的行车组织。				
	记录预习过程中存在的问题： 1.该单元中，你有哪些不理解的知识点？解决的途径是什么？				
	2.仍未解决的问题有哪些？				
课中任务	1.在行车组织调整多样化条件下，配线的功能体现在哪些方面？				
	2.备用列车停放有哪两种形式？				
	3.地铁运营过程中，发生哪些情况会引起区间堵塞？				

课中任务	4.区间堵塞时,可以采用哪两种行车组织措施?并绘制这两种行车组织方式的示意图。
课后任务	根据教材中的案例进行分析,总结突发事件下采用了哪些行车调整措施,在线路图中展示出列车运行方案。说明其中利用了哪些类型的配线?在整个事件处理过程中,需要具备哪些职业精神?

总体评价		
	课前任务完成情况(占比15%)	
	习题测试(占比10%)	
	课中任务完成情况(占比60%)	
	课后任务完成情况(占比15%)	
	总成绩	

模块6　城市轨道交通车站

实训任务　城市轨道交通车站布局设计任务书

班级		学号		姓名	
指导书	一、课程设计题目 城市轨道交通车站设施设备平面布局。 二、课程设计的目的及意义 通过课程设计,把课程中的理论知识应用于具体的工作实践中。 (1)进一步加深对所学基本理论知识的理解和掌握,完善理论与实践的衔接。 (2)通过设计,熟悉城市轨道交通车站设计的基本内容和程序,了解现行的国家标准、行业标准。 (3)学会收集及查找相关资料的方法和途径(注意资料来源的权威性与准确性)。 (4)提高运用所学知识分析问题、解决问题的能力。 (5)加强锻炼严谨求实的工作作风。 三、课程设计基本要求 (1)独立、按时、保质保量完成本课程设计。 (2)充分理解并掌握相关理论,会使用标准规范,掌握课程设计流程。 四、注意事项 (1)本课程设计须独立自主完成,严禁抄袭,抄袭者记零分。 (2)严肃考勤纪律,课程设计应在上课教室或实训室完成,不得无故缺席。 (3)设计应按要求进行。 五、课程设计内容及步骤 课程设计内容包括车站的各组成部分,具体如下。 1.车站出入口设计 (1)设计原则 ①车站出入口的数量,应根据吸引与疏散客流的需求设置,但不得少于2个。 ②车站出入口布置应与主客流的方向相一致。 ③设于道路两侧的出入口宜平行或垂直于道路红线。 ④出入口宜设于道路或城市广场的位置,以便吸引客流,方便乘客识别和进出车站,并应设置足够的客流集散空间。 ⑤在与地面交通衔接的站点,出入口宜设在火车站、公共汽车站附近,便于乘客换乘,并保证有足够的集散空间。 ⑥车站出入口宜分散均匀布置,出入口之间的距离尽可能大一些,使其能够最大限度地吸引更多乘客,方便乘客进入车站。 ⑦车站出入口宜尽可能直接连接已建的建筑物地下室、过街道、商场、人行天桥及其他大型公共建筑,以利于资源共用,节约地面占地。 (2)设计内容 出入口所在位置,根据车站位置及客流方向确定。 出入口数量,根据客流需求及车站位置等因素确定。 出入口宽度,根据标准规范的要求确定。				

指导书	2.站厅设计 (1)设计原则。 售票口和自动售票机应在客流路径一侧沿客流进站方向排列,布设在便于购票、比较宽敞的地方,尽量减少与客流路线的交叉和干扰。 进站检票口、出站检票口应分设在付费区和非付费区的分界线上,且应垂直于客流方向。 站厅还需考虑乘客的短暂停留、聚集及特殊情况下的紧急疏散,留有适当富余空间。 车站用房宜集中设置。 (2)设计内容。 站厅包括付费区、非付费区和车站用房。 付费区内设有通往站台层的楼梯、自动扶梯、补票处,在换乘车站,还设有通向另一车站的换乘通道。 非付费区设有售票处、问询处、公用电话等,必要时,可增设金融、邮电、服务业等机构。 3.站台设计 站台层包括楼梯、自动扶梯及站内用房。 (1)站台类型选取。 多数城市轨道交通车站所采用的站台形式是岛式站台与侧式站台。 (2)站台长度确定。 站台计算长度是指远期列车编组总长度加上列车停站时误差距离,详见教材。 (3)站台宽度确定。 计算公式详见教材。 4.成果提交及成绩考核 应完成有关的设计文件的编写及相应的车站平面布局图的绘制。 (1)设计计算书(说明书)一份。 要求:目次分明,内容翔实(写出详细的计算步骤,取的参数标清楚),文笔流畅,书写工整。 (2)设计图纸若干张。 要求:自选绘图软件绘图,图纸布局合理,比例适当,图面清洁美观,标注清晰明了。根据以上分析和计算结果,设计车站平面布局,绘制站厅层和站台层布局图,清楚地标注出主要设施设备的名称。 5.参考资料 (1)《地铁设计规范》(GB 50157—2013)、《城市轨道交通工程项目规范》(GB 55033—2022)。 (2)本教材。
计算 说明书	一、设计车站简介(车站周边道路情况、用地性质) 1.车站预测高峰小时客流量(若有换乘客流加入到高峰小时客流量中) 2.客流超高峰系数取值 3.车站位置

计算 说明书	4. 车站形式 5. 车站规模 6. 远期车辆编组 二、出入口设计 1. 出入口所在位置 2. 出入口数量 3. 出入口宽度(写出计算公式,并取值计算) 三、站厅设计 1. 站厅层付费区与非付费区设计注意事项 2. 站厅层应包含的设施设备 3. 站厅层车站用房(包含面积) 四、站台设计(写出公式进行计算) 1. 站台长度

计算说明书	2. 站台宽度 3. 站台层用房及其面积 五、车站流线组织的原则	
布局图	一、车站站厅层平面布局(含客流流线)示意图 二、车站站台层平面布局(含客流流线)示意图	
总体评价	计算说明书完成情况(占比30%)	
	站厅层设施设备布局合理性(占比20%)	
	站厅层流线设计合理性(占比15%)	
	站台层设施设备布局合理性(占比20%)	
	站台层流线设计合理性(占比15%)	
	总成绩	

模块7 换 乘 站

实训任务7.1 换乘方式分析

班级		学号		姓名	
课前任务	预习任务 学习换乘方式。				
	记录预习过程中存在的问题： 1.该单元中，你有哪些不理解的知识点？解决的途径是什么？				
	2.仍未解决的问题有哪些？				
课中任务	1.城市轨道交通有哪些换乘方式？				
	2.你喜欢哪些换乘方式？				
	3.各种换乘方式有哪些优缺点？				

课中任务	4.车站的换乘能力与哪些因素有关？
课后任务	成都地铁中医大省医院是如何换乘的？是否有其他的换乘方式？（上网搜索信息进行归纳总结）

总体评价		
	课前任务完成情况(占比15%)	
	习题测试(占比10%)	
	课中任务完成情况(占比60%)	
	课后任务完成情况(占比15%)	
	总成绩	

实训任务7.2 换乘方案选择

班级		学号		姓名	
课前任务	预习任务 学习换乘方案选择。				
	记录预习过程中存在的问题： 1.该单元中,你有哪些不理解的知识点？解决的途径是什么？				
	2.仍未解决的问题有哪些？				
课中任务	1.联系实际,说一说城市轨道交通系统的换乘方式有哪些？				
	2.城市轨道交通换乘站客运组织重难点有哪些？				
	3.城市轨道交通换乘方案选择需考虑哪些因素？				

课中任务	4.城市轨道交通换乘站应优选怎样的换乘方案?	
课后任务	1.查询城市轨道交通客流监测与预警最新技术,并分组汇报。 2.搜索关于各种换乘方式的视频介绍,并找一实例进行分析。	
总体评价	课前任务完成情况(占比15%)	
	习题测试(占比10%)	
	课中任务完成情况(占比60%)	
	课后任务完成情况(占比15%)	
	总成绩	

模块 8　城市轨道交通枢纽

实训任务 8.1　城市轨道交通枢纽概述

班级		学号		姓名	
课前任务	预习任务 学习换乘方式。				
	记录预习过程中存在的问题： 1.该单元中，你有哪些不理解的知识点？解决的途径是什么？				
	2.仍未解决的问题有哪些？				
课中任务	1.城市轨道交通枢纽的内涵是什么？				
	2.城市轨道交通枢纽的系统特性有哪些？				
	3.分析总结城市轨道交通枢纽的作用和意义。				

课中任务	4.整理城市轨道交通枢纽设计程序。		
课后任务	搜索我国城市轨道交通枢纽的相关资料,并分组汇报。		
总体评价	课前任务完成情况(占比15%)		
	习题测试(占比10%)		
	课中任务完成情况(占比60%)		
	课后任务完成情况(占比15%)		
	总成绩		

实训任务 8.2　城市轨道交通枢纽交通方式衔接

班级		学号		姓名	
课前任务	预习任务 学习城市轨道交通枢纽交通方式衔接。 记录预习过程中存在的问题： 1.该单元中,你有哪些不理解的知识点？解决的途径是什么？				
	2.仍未解决的问题有哪些？				
课中任务	1.联系实际,说一说城市轨道交通与哪些交通方式有衔接？				
	2.城市轨道交通与哪些对外交通方式有衔接及注意事项？				
	3.阐述城市轨道交通与步行交通、自行车的衔接及注意事项。				

课中任务	4.阐述城市轨道交通与常规公交、私人汽车的衔接及注意事项。		
课后任务	搜索关于城市轨道交通枢纽与其他交通方式衔接的视频介绍,并找一实例进行分析。		
总体评价	课前任务完成情况(占比15%)		
	习题测试(占比10%)		
	课中任务完成情况(占比60%)		
	课后任务完成情况(占比15%)		
	总成绩		

模块9　城市轨道交通车辆基地

实训任务9.1　车辆基地组成及功能知识巩固与拓展

班级		学号		姓名	
课前任务	预习任务 学习车辆基地组成及功能,车辆段的组成。				
	记录预习过程中存在的问题: 1.该单元中,你有哪些不理解的知识点?解决的途径是什么?				
	2.仍未解决的问题有哪些?				
课中任务	1.城市轨道交通车辆基地的组成部分包括哪些?				
	2.阐述车辆段与停车场的关系及区别。				
	3.车辆段总体上分为_____、_____及_____三个部分。 (1)_____是车辆段的线路部分及车库部分与正线的连接地段,有出入段线和很多道岔。 (2)车辆段线路部分包括_____,作业线路:_____、_____、_____、_____、_____,辅助作业线路:_____、_____、_____、_____、_____、_____,试验线路:_____、_____。辅助线路:_____、_____、_____、_____、_____。 (3)车库部分有_____、_____、_____。				

课中任务	4.综合维修中心主要组成及承担的作用有哪些?		
	5.结合学过的理论内容,归纳总结城市轨道交通车辆基地的功能。		
课后任务	结合城市轨道交通车辆基地相关学习,了解长春轨道交通3号线湖光路轻轨车场,画出车辆基地布局示意图,并阐述各组成部分的功能。以小组形式汇报。		
总体评价	课前任务完成情况(占比15%)		
	习题测试(占比10%)		
	课中任务完成情况(占比60%)		
	课后任务完成情况(占比15%)		
	总成绩		

实训任务9.2　车辆运用整备工艺及设施、车辆检修工艺及设施

班级		学号		姓名	
课前任务	预习任务 学习车辆运用整备工艺及设施,车辆检修工艺及设施。				
	记录预习过程中存在的问题: 1.该单元中,你有哪些不理解的知识点?解决的途径是什么?				
	2.仍未解决的问题有哪些?				
课中任务	1.阐述城市轨道交通车辆运用整备工艺流程。				
	2.车辆基地车辆运用设施包括_____、_____、_____及相应线路,如_____、_____、_____等设施,并根据生产需要配备相应的_____,车辆通过这些设施完成日常的运用整备作业。				
	3.车辆在停车列检库进行哪些项目的检查?				
	4.归纳总结洗车作业流程。				

课中任务	5.归纳总结车辆检修各级修程的检修内容。 (1)例检 (2)周检 (3)月检 (4)定修 (5)架修 (6)大修(也称厂修)

6.归纳总结车辆各级检修作业流程。
(1)大修、架修工艺流程
车辆吹扫、冲洗→车辆由内燃机车推送入库解列→车辆预检→_____→_____→车辆全部(或局部)解体→各零部件送检修间分解、检查、修理、更换、组装、试验→车体全面检查、除锈、刷漆、整修→_____→_____→喷漆→单元/连挂静调→_____→交验→出库。
(2)定修工艺流程
车辆吹扫、冲洗→车辆由调机推送入库→车辆预检交接→_____→全面检查、测试→_____→组装测试→落车调整→送不落轮镟库镟轮→_____→试车线动调→交验→出库。
(3)月检工艺流程
列车整列入库→测试→全面技术检查→_____→_____→交验→出库。
(4)车辆镟轮工艺流程
待镟轮列车由调机送入镟轮线→_____→车辆由牵引装置牵引轮对定位→_____→轮对镟修→_____→其他轮对镟修→全部轮对镟修完成验交→列车由调机牵引出库。

课中任务	7.车辆检修的设施主要有哪些？阐述各自适用的检修作业。
课后任务	以小组总结汇报。 1.查询车辆整备作业、各种检修作业流程视频，并分析在工作中应具备的职业素养。 2.查询关于"大国工匠"——中车长春轨道客车股份有限公司转向架制造中心焊接一车间电焊工李万君的事迹，并阐述大国工匠精神。

总体评价	课前任务完成情况（占比15%）	
	习题测试（占比10%）	
	课中任务完成情况（占比60%）	
	课后任务完成情况（占比15%）	
	总成绩	